D1306661

Conoce
China

Robin Johnson y Bobbie Kalman

Crabtree Publishing Company

www.crabtreebooks.com

Conoce mi país

Creado por Bobbie Kalman

Para Jeniah Wiens
Eres un hermoso regalo de China.

Editora en jefe
Bobbie Kalman

Equipo de redacción
Robin Johnson
Bobbie Kalman

Editor
Michael Hodge

Investigación fotográfica
Bobbie Kalman
Robin Johnson
Crystal Sikkens

Diseño
Katherine Kantor

Coordinadora de producción
Katherine Kantor

Consultor lingüístico
Dr. Carlos García, M.D., Maestro bilingüe de Ciencias, Estudios Sociales y Matemáticas

Ilustraciones
Barbara Bedell: página 11
Lauren Fast: página 18 (parte superior)
Rose Gowsell: página 28 (yin y yang)
Katherine Kantor: páginas 4, 5
Robert MacGregor: página 18 (parte inferior)

Fotografías
© Dreamstime.com: páginas 7 (recuadros en el centro a la derecha y en la
   parte inferior derecha), 11 (centro), 29 (parte superior izquierda)
© iStockphoto.com: página 9 (parte inferior), 11 (parte superior)
© 2008 Jupiterimages Corporation: páginas 4, 7 (fondo y recuadro de
   la parte superior izquierda), 8, 12, 17, 20
© Bobbie Kalman: página 13 (parte superior)
© Shutterstock.com: portada, páginas 1, 3, 5, 6, 7 (recuadro en la parte inferior
   izquierda), 9 (parte superior), 10, 13 (parte inferior), 14, 15, 18, 19, 21, 22, 23, 24, 25,
   26 (centro y parte inferior), 27, 28 (excepto el yin y yang), 29 (parte superior derecha
   y parte inferior), 30 (excepto la parte inferior izquierda), 31 (parte superior)
© en.wikipedia: Tee Meng: página 30 (parte inferior izquierda); PENG, Yanan: página 26
   (parte superior)
Otras imágenes por Corel y Digital Stock

Traducción
Servicios de traducción al español y de composición de textos suministrados
   por translations.com

Library and Archives Canada Cataloguing in Publication

Johnson, Robin (Robin R.)
      Conoce China / Robin Johnson y Bobbie Kalman.

(Conoce mi país)
Translation of: Spotlight on China.
Includes index.
ISBN 978-0-7787-8192-9 (bound).--ISBN 978-0-7787-8212-4 (pbk.)

          1. China--Juvenile literature. I. Kalman, Bobbie, 1947- II. Title.
III. Series: Conoce mi país

DS706.J6418 2010   j951   C2009-902444-6

Library of Congress Cataloging-in-Publication Data

Johnson, Robin (Robin R.)
   [Spotlight on China. Spanish]
   Conoce China / Robin Johnson and Bobbie Kalman.
      p. cm. -- (Conoce mi país)
   Translation of: Spotlight on China.
   Includes index.
   ISBN 978-0-7787-8212-4 (pbk. : alk. paper) -- ISBN 978-0-7787-8192-9
(reinforced library binding : alk. paper)
   1. China--Juvenile literature. I. Kalman, Bobbie. II. Title. III. Series.
DS706.J5818 2010
951--dc22

                                             2009016818

Crabtree Publishing Company

www.crabtreebooks.com   1-800-387-7650
Copyright © **2008 CRABTREE PUBLISHING COMPANY**. Todos los derechos reservados. Se prohíbe la reproducción total o parcial de esta obra,
su almacenamiento en un sistema de recuperación o su transmisión en cualquier forma o por cualquier medio, ya sea electrónico o mecánico, incluido el
fotocopiado o grabado, sin la autorización previa por escrito de Crabtree Publishing Company. En Canadá: Agradecemos el apoyo económico del gobierno
de Canadá a través del programa *Book Publishing Industry Development Program* (Programa de desarrollo de la industria editorial, BPIDP) para nuestras
actividades editoriales.

Publicado en Canadá
Crabtree Publishing
616 Welland Ave.
St. Catharines, Ontario
L2M 5V6

Publicado en los Estados Unidos
Crabtree Publishing
PMB16A
350 Fifth Ave., Suite 3308
New York, NY 10118

Publicado en el Reino Unido
Crabtree Publishing
White Cross Mills
High Town, Lancaster
LA1 4XS

Publicado en Australia
Crabtree Publishing
386 Mt. Alexander Rd.
Ascot Vale (Melbourne)
VIC 3032

Contenido

¡Un país inmenso!

¡Bienvenidos a China! China es uno de los **países** más grandes de la Tierra. Un país es una zona de tierra en donde viven personas. ¡Ningún país tiene tantas personas como China! Un país tiene **leyes** o reglas que las personas deben cumplir. Un país también tiene **fronteras**. Las fronteras separan a los países de sus vecinos. Busca los vecinos de China en el mapa de abajo. Tiene catorce.

RUSIA

KAZAJISTÁN

MONGOLIA

KIRGUISTÁN

TAYIKISTÁN

AFGANISTÁN

CHINA

COREA DEL NORTE

MAR DE LA CHINA ORIENTAL

PAKISTÁN

NEPAL

OCÉANO PACÍFICO

INDIA

BUTÁN

LAOS

MAR DE LA CHINA MERIDIONAL

China es el tercer país más grande del mundo.

BIRMANIA

VIETNAM

OCÉANO ÍNDICO

N
O E
S

勇 ● ● 虎 ● ● 爱 ● ● 忠 ● ● 勤

¿Dónde queda China?

China forma parte del **continente** de
Asia. Un continente es una zona de
tierra inmensa. En la Tierra hay siete
continentes. Asia es el continente más
grande Los otros continentes son América
del Norte, América del Sur, Europa,
África, Antártida y Australia y Oceanía.
En el mapa de abajo se muestran
los continentes.

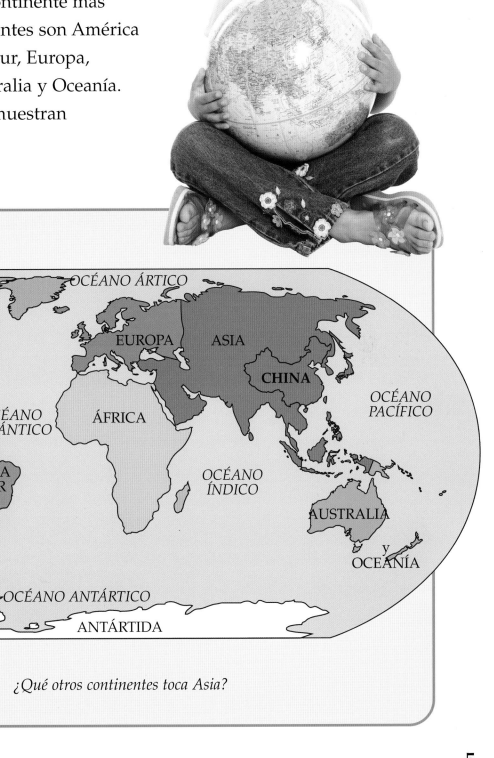

¿Qué otros continentes toca Asia?

勇 🏮 🐅 虎 🕊 🪭 爱 🍵 ⛵ 忠 🐼 🐉 勤

China y sus diferentes caras

En China hay muchas personas. La **población** de China es de más de 1400 millones de personas. La población es la cantidad de personas que viven en un país. Las personas que viven en China se llaman chinos. La mayoría de los chinos hablan mandarín. Es el **idioma oficial** del país.

Familias con un solo hijo

El **gobierno** de China está tratando de detener el crecimiento de la población. Lo hace por medio de una recompensa que les entrega a las familias que tienen un solo hijo.

Las familias con un solo hijo reciben dinero y mejores viviendas. Las familias que tienen más de un hijo son castigadas. Deben pagar **multas** o dinero al gobierno. En algunos lugares, pueden tener dos hijos.

Más de un sexto de la población del mundo vive en China.

勇 🏮 🐅 虎 🕊 🪭 爱 🍵 ⛵ 忠 🐼 🦅 勤

Grupos nacionales

La mayoría de los chinos pertenecen a los Han, pero hay 56 **grupos nacionales** en China. Los grupos nacionales son grupos de personas que comparten el idioma, las creencias, las costumbres y la **religión**. Las personas de cada uno de estos grupos viven de maneras muy diferentes.

Las personas en esta página parecen de países distintos, pero son todas chinas.

El territorio de China

El territorio de China se puede dividir en tres **regiones** o áreas. Los **paisajes** de cada región son muy diferentes. Un paisaje es la forma en la que se ve la tierra. En el oeste de China, hay montañas altas y **mesetas**. En la región **central** o del medio de China, hay montañas más pequeñas y **desiertos** inmensos. En las costas del este de China, hay **llanuras**, que son zonas de tierra llana que tienen muy pocos árboles.

*En lo alto de las montañas del oeste de China, el **clima** es nevado y frío. El clima es el tiempo habitual en un área. Algunas de las montañas más altas de la Tierra están en esta región. Unos animales llamados yak se crían aquí por su leche, su pelaje y su carne. Los yak además llevan cargas pesadas. Esta cría de yak toma leche de la madre.*

*En las llanuras de China, el clima es cálido y húmedo. La tierra es **fértil**. Fértil significa que la tierra es buena para cultivar plantas. La mayoría de las personas en China viven en esta región.*

*El clima en los desiertos de China es muy caluroso y seco. El viento moldea las inmensas **dunas** o colinas de arena. Estas personas atraviesan el desierto de China en camello.*

勇 ● 虎 ✦ 爱 ⬤ ⛵ 忠 🐼 🦅 勤

Plantas y animales

peonía

En China hay miles de clases de plantas y animales. Las plantas y los animales crecen o viven en diferentes regiones del país. Están adaptados a los lugares y climas de donde viven. En estas páginas aparecen algunas de las plantas y animales de China.

Las peonías son plantas con flores populares en China. Crecen en los jardines y se utilizan para preparar medicamentos chinos.

*Los osos pandas gigantes viven en los bosques de las montañas del centro de China. Los pandas comen principalmente **bambú**. El bambú es un arbusto leñoso que crece en esta área fresca y húmeda. Estos pandas están comiendo bambú.*

Los caimanes chinos viven en **pantanos** en la costa de China. Los pantanos son áreas húmedas y llanas que tienen muchas plantas. Los caimanes comen peces y otros animales que viven en las aguas de los pantanos.

Los camellos bactrianos viven en la región desértica de China. En el desierto hay muy poca agua, de manera que crecen muy pocas plantas. Los camellos pueden pasar muchos días sin beber ni comer.

Animales en peligro

Más de cien clases de animales viven solo en China. Lamentablemente, muchos de estos animales están **en peligro de extinción**. Esto significa que los animales corren el riesgo de desaparecer en su **estado natural**. Los osos pandas gigantes, los caimanes chinos, los camellos bactrianos y los tigres del sur de China son todos animales en peligro de extinción.

Este tigre es un tigre del sur de China. Los científicos creen que quedan menos de 30 tigres del sur de China en el mundo.

Aldeas y granjas

Más de la mitad de las personas en China viven en **aldeas**.
Una aldea es un pueblo pequeño que está en el campo.
En las aldeas de China, los abuelos, los padres y los niños
usualmente viven juntos. Las familias también trabajan juntas
en las granjas. Venden sus **cultivos** y otros productos en los
mercados cercanos. Los cultivos son plantas que se siembran
para que la gente las utilice. El arroz y el trigo son cultivos.

*En la mayoría de los hogares de las aldeas viven muchos miembros de las familias todos juntos. Los hogares no tienen agua corriente ni calefacción. Las personas obtienen agua de **aljibes** y lavan la ropa en los ríos y lagos cercanos.*

Cultivar para comer

Muchos chinos son granjeros. En China los granjeros cultivan arroz, trigo, maíz, papas, té, cacahuetes, algodón y muchos otros cultivos. El arroz es el cultivo más importante. Los granjeros han cultivado arroz desde hace miles de años. Es un **alimento básico** para la mayoría de las familias chinas. Los alimentos básicos se comen todos los días.

Estas niñas disfrutan de unos sabrosos tazones de sopa hecha con vegetales y tallarines de arroz.

*La agricultura en China es un trabajo duro. Gran parte del trabajo se realiza a mano. Los granjeros pasan muchas horas en los campos todos los días. Estos granjeros trabajan en **arrozales** o campos de arroz. Los arrozales están llenos de agua.*

Ciudades agitadas

Muchos chinos viven en ciudades. Las ciudades de China son lugares muy agitados. Allí hay muchos restaurantes, tiendas, escuelas y fábricas. La **capital** de China es Pekín. La capital es la ciudad en donde se encuentra el gobierno principal de un país.

En Pekín, hay muchos edificios hermosos. Este edificio se llama el Templo del Cielo.

Pekín está atiborrada de personas y autos. En Pekín viven cerca de trece millones de personas.

La mayoría de las personas viajan en bicicleta por las calles llenas de gente de las ciudades de China.

Shanghái es la ciudad más grande de China. Los barcos transportan muchos productos desde esta agitada ciudad y hasta allí.

China hace mucho tiempo

Una gran civilización

Las personas han vivido en China durante miles de años. China es una de las **civilizaciones** más antiguas de la Tierra. Una civilización es un grupo de personas que comparten el idioma, el gobierno, la religión y la forma de contar su historia. Los chinos que vivieron hace mucho tiempo estudiaron arte y ciencia. Sembraban cultivos para alimentarse. Comerciaban en productos con otras civilizaciones. Eran gobernados por **dinastías** o familias poderosas. Un **emperador** era el jefe de la dinastía. La imagen en la página opuesta pertenece a la época de la dinastía Tang.

*La Ciudad Prohibida fue construida durante la dinastía Ming. El emperador de China vivía y trabajaba en la Ciudad Prohibida. Los miembros del gobierno chino también trabajaban allí. Todas las demás personas tenían **prohibido** o no podían acercarse a las puertas del palacio.*

Comerciantes de Europa

En el siglo XIII, un explorador italiano llamado Marco Polo viajó a China. Exploró y aprendió acerca del país durante mucho tiempo.

En los años siguientes, exploradores y comerciantes de varios países fueron a China. Querían las sedas, los tés, las especias y la **porcelana** de China. Lucharon para controlar China, su comercio y sus tesoros.

Marco Polo

Esta vasija es de porcelana.

Esta bolsita es de seda

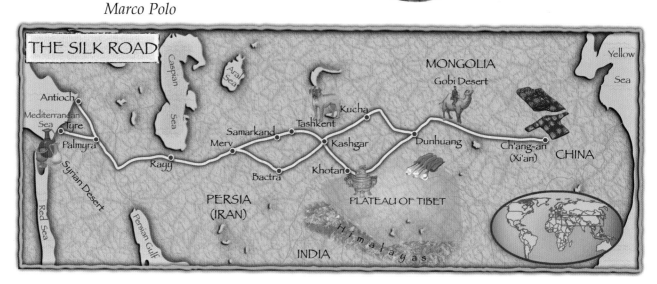

THE SILK ROAD

Los comerciantes y los exploradores viajaron a China por la **Ruta de la Seda**. Los chinos construyeron la Ruta de la Seda para atraer a China comerciantes de países en Asia y Europa. Hace mucho tiempo, la seda era un material muy valioso. Los chinos intercambiaban seda por oro, plata y piedras preciosas.

18

Una colonia británica

En 1842, la isla de Hong Kong se convirtió en **colonia** británica. Una colonia es un área gobernada por un país lejano. En 1997, se devolvió Hong Kong a China. Hoy en día, Hong Kong es muy diferente del resto de China. Tiene costumbres chinas y británicas. Allí se hablan los idiomas chino e inglés. Hong Kong es una ciudad muy moderna y tiene muchos **rascacielos** o edificios altos.

Este barco está zarpando desde el puerto de Victoria en Hong Kong. El puerto de Victoria debe su nombre a una reina británica. El barco es de origen chino. Hong Kong tiene una mezcla de costumbres chinas y británicas.

Cambios en China

A principios del siglo XX, unas pocas personas ricas y poderosas poseían la totalidad de las tierras en China. Ellos obligaban a los granjeros chinos a trabajar mucho y les pagaban muy poco. La mayoría de las personas de China eran muy pobres e infelices. En 1911, un hombre llamado Sun Yat-sen y sus seguidores obligaron al emperador chino a ceder su poder. China se convirtió en una **república democrática**. En una república democrática, los ciudadanos del país eligen a sus líderes. Los ciudadanos de China eligieron a Sun Yat-sen como su primer **presidente**.

Yat-sen prometió entregar tierra a los granjeros chinos.

China comunista

Sun Yat-sen no pudo unir a las personas de China ni resolver todos sus problemas. Hubo luchas en China durante muchos años. En 1949, un hombre llamado Mao Zedong se convirtió en el nuevo líder de China. China se convirtió en un país **comunista** y adoptó un nuevo nombre: la República Popular de China.

¿Qué es el comunismo?

En un gobierno comunista, el gobierno toma casi todas las decisiones para las personas del país. Decide qué cultivos se deben sembrar en las granjas, qué productos se producen en las fábricas y dónde vivirán las personas. Las personas no pueden elegir a sus líderes ni decidir cómo administrar su país. Muchas personas no se sienten libres, ni tampoco se sienten seguras.

Hecho en China

Tomó mucho tiempo mejorar la **economía** de China. La economía es la manera en que un país usa su dinero, sus productos y sus **servicios**. A principios de la década de 1980, el gobierno chino comenzó a permitir que las personas conservaran el dinero que ganaban. Las personas en China ahora pueden ser dueños de la tierra y administrar sus propios negocios. Pueden vender productos en China y a otros países.

En el pasado, todo lo que se producía en China le pertenecía al gobierno. Los granjeros no podían vender los cultivos que sembraban ni conservar el dinero. Hoy en día, pueden vender sus propios cultivos. Los dueños de las tiendas, los restaurantes y otros negocios también pueden vender sus productos y sus servicios.

勇 🏮 🐅 虎 🦅 🪭 爱 🍵 ⛵ 忠 🐼 🦅 勤

Una economía en auge

Hoy en día, la economía de China está en **auge** o en un muy buen momento. China es el segundo **exportador** más grande del mundo. Un exportador vende productos a otros países. Muchas de las cosas que compramos en las tiendas provienen de China. Mira en tu hogar. ¿Cuántas de las cosas que tienes fueron hechas en China?

Muchos de los juguetes que tienes vienen de China.

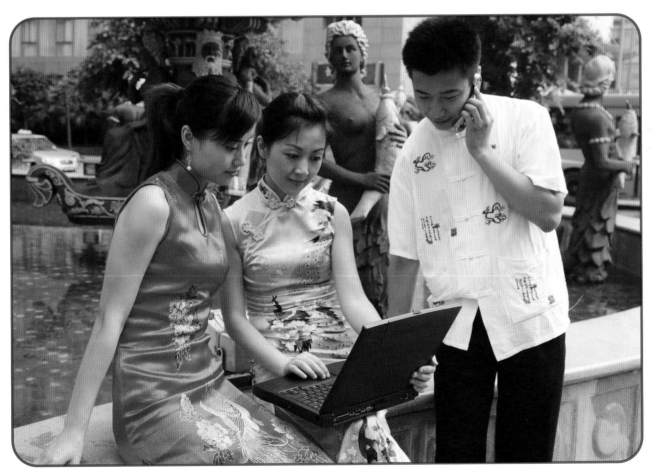

Algunos chinos ahora pueden comprar computadoras, teléfonos celulares, automóviles y hasta casas grandes.

La cultura china

Durante muchos años, a las personas de China se les impedía bailar, crear arte, música o practicar deportes. Hoy en día, pueden volver a celebrar su **cultura**. La cultura es el conjunto de creencias, costumbres y formas de vida que comparte un grupo de personas. La cultura de China es una mezcla colorida de costumbres antiguas y modernas.

*Durante cientos de años, las personas de China practicaron **artes marciales**. Las artes marciales se usaban para pelear. Hoy en día, se utilizan principalmente por diversión, ejercicio y deporte. Ahora, las personas en todo el mundo practican artes marciales chinas.*

*La **ópera** es una forma de entretenimiento tradicional en China. Una ópera es una obra musical. En la ópera china, se canta, se baila y se simulan peleas. Los cantantes de ópera usan trajes y maquillaje elegantes.*

Los artistas chinos han pintado dibujos en papel y seda desde hace mucho tiempo. Muchos artistas son muy hábiles para la **caligrafía**. La caligrafía es el arte de escribir de forma decorativa. Esta joven mujer mira su escritura caligráfica. Está muy contenta por las palabras que pintó.

(arriba) El ping-pong es el deporte más popular de China. Se juega en los hogares, los parques y los patios de las escuelas en todo el país.

(izquierda) Las **acrobacias** han formado parte de la cultura China por más de dos mil años. Hoy en día, los gimnastas chinos realizan acrobacias en espectáculos y circos en todo el mundo.

Días festivos en China

Las personas en China celebran su cultura con muchos **festivales** animados. Un festival es un evento o una celebración especial. Algunos festivales chinos importantes aparecen en estas páginas.

El 1 de octubre, los chinos celebran el **Día Nacional***. Esta festividad honra la creación de la República Popular de China. En este día, personas de todo el país se reúnen en Pekín para realizar un desfile inmenso. Después, van a la Ciudad Prohibida a cantar, bailar y lanzar fuegos artificiales.*

El **Festival del Barco del Dragón** *se realiza generalmente en junio. En este divertido festival, los equipos compiten en los barcos del dragón. El barco del dragón es un barco largo y angosto en donde caben hasta 70 personas. Los aficionados alientan y flamean banderas coloridas.*

勇 🏮 🐅 虎 🕊 🪭 爱 🍵 🛶 忠 🐼 🦅 勤

El Año Nuevo Chino

La festividad más importante en China es el **Año Nuevo Chino**. Los chinos celebran esta festividad de siete días a fines de enero o a principios de febrero. En el Año Nuevo Chino, las personas visitan a sus amigos y familiares. Se ponen ropa nueva y les dan sobres rojos con dinero a los jóvenes. Durante esta festividad especial, hay muchos desfiles, banquetes y fuegos artificiales.

En el desfile del Año Nuevo Chino siempre se realiza la danza del león. En este león blanco hay dos personas. Los leones cuidan y protegen a las personas.

勇 ● 🐯 虎 🦋 ● 爱 ● ⛵ 忠 🐼 🐉 勤

Los símbolos chinos

En la cultura china hay muchos **símbolos**. Un símbolo es una imagen que **representa** o hace referencia a un objeto o una idea. En esta página aparecen algunos de los símbolos chinos y sus significados.

Esta es la bandera de la República Popular de China. La gran estrella amarilla hace referencia a los líderes comunistas de China. Las cuatro estrellas pequeñas representan a las personas de China.

*El **yin y yang** es un símbolo chino muy antiguo que representa a los opuestos que trabajan en equipo en la vida.*

Los dragones chinos representan el poder. Se han utilizado en el arte y en las historias chinas durante miles de años. Las personas bailan las danzas del dragón en los festivales y hacen barcos con formas de dragones.

勇 🏮 🐅 虎 🐦 🪭 爱 🍵 ⛵ 忠 🐼 🦅 勤

En la cultura china, el color rojo representa la fortuna, la felicidad, el éxito y muchas otras cosas buenas. El papel rojo se usa para envolver regalos de dinero. Las novias chinas usan vestidos de boda de color rojo y en las bodas se utilizan manteles y servilletas rojas en las mesas. Los caracteres de la Doble Felicidad se colocan donde la novia y el novio los puedan ver.

DOBLE FELICIDAD

Imagina esto

El idioma chino está compuesto de miles de símbolos llamados **pictogramas**. Cada pictograma representa una palabra completa. Algunos pictogramas del idioma mandarín se muestran en la fotografía de la derecha.

Visitantes de China

Esta colorida estatua se construyó para las Olimpiadas de Pekín. Los cinco anillos olímpicos son un símbolo de los Juegos Olímpicos.

Millones de **turistas** visitan China cada año. Los turistas son personas que viajan a lugares por diversión. Aún más turistas de todo el mundo viajaron a Pekín, China, para ver las **Olimpiadas** de Verano en 2008. Para este evento se construyeron muchos hoteles, tiendas y restaurantes nuevos. Estos servicios nuevos atraen más turistas en la actualidad, a pesar de que las Olimpiadas ya terminaron.

Para las Olimpiadas se construyeron muchos **estadios**, hoteles y otros edificios. Esta es una fotografía del Estadio Nacional de Pekín.

El **lema** de las Olimpiadas de 2008 fue "Un mundo, un sueño". Las personas de todo el mundo se reunieron en China.

En China, los turistas pueden explorar el río Yangtsé en **sampán**. Un sampán es un barco con fondo plano. El río Yangtsé es el río más largo de Asia y el tercero más largo del mundo.

La **Gran Muralla China** es el lugar más popular para visitar en China. Esta inmensa muralla de piedra se construyó hace mucho tiempo para proteger a los chinos de sus enemigos. Es la estructura construida por los humanos más grande de la Tierra.

Glosario

Nota: Algunas palabras en negrita están definidas en el lugar que aparecen en el libro.

acrobacias (las) Hazañas que se deben realizar con habilidad y equilibrio

alimento básico (el) Un cultivo principal, por ejemplo el trigo o el arroz, que las personas comen todos los días

aljibe (el) Un agujero hecho en la tierra de donde las personas obtienen agua

área silvestre Los lugares naturales que no están controlados por las personas

desierto (el) Un área en donde llueve muy poco

dinastía (la) Una serie de gobernantes pertenecientes a la misma familia y al mismo período de reinado

estadio (el) Una estructura hecha con filas de asientos construidas alrededor de un campo

gobierno (el) Un grupo de personas que está a cargo de un país y que toma decisiones y dicta leyes importantes que los ciudadanos deben cumplir

idioma oficial (el) El idioma utilizado por el gobierno y en los negocios y que los niños aprenden en la escuela

lema (el) Una frase o grupo de palabras usados por una alguna persona, organización o negocio

meseta (la) Territorio llano que está en tierras altas

Olimpiadas (las) Eventos deportivos en donde compiten atletas de muchos países

porcelana (la) Una clase de cerámica

presidente (el) El líder de un país

religión (la) Un conjunto de creencias acerca de Dios o dioses

servicio (el) El hecho de ayudar o hacer algo por otras personas

Índice

Impreso en China—CT